MONTHLY

JANUARY	FEBRUARY	MARCH

APRIL	MAY	JUNE

JULY	AUGUST	SEPTEMBER

OCTOBER	NOVEMBER	DECEMBER

MONTHLY TO-DO LIST

JANUARY

FEBRUARY

MARCH

APRIL

MAY

JUNE

JULY

AUGUST

SEPTEMBER

OCTOBER

NOVEMBER

DECEMBER

MONTHLY TO-DO LIST

JANUARY

FEBRUARY

MARCH

APRIL

MAY

JUNE

JULY

AUGUST

SEPTEMBER

OCTOBER

NOVEMBER

DECEMBER

MONTHLY TO-DO LIST

JANUARY

FEBRUARY

MARCH

APRIL

MAY

JUNE

JULY

AUGUST

SEPTEMBER

OCTOBER

NOVEMBER

DECEMBER

MONTHLY TO-DO LIST

JANUARY

FEBRUARY

MARCH

APRIL

MAY

JUNE

JULY

AUGUST

SEPTEMBER

OCTOBER

NOVEMBER

DECEMBER

MONTHLY TO-DO LIST

JANUARY

- [ ]
- [ ]
- [ ]
- [ ]
- [ ]

FEBRUARY

- [ ]
- [ ]
- [ ]
- [ ]
- [ ]

MARCH

- [ ]
- [ ]
- [ ]
- [ ]
- [ ]

APRIL

- [ ]
- [ ]
- [ ]
- [ ]
- [ ]

MAY

- [ ]
- [ ]
- [ ]
- [ ]
- [ ]

JUNE

- [ ]
- [ ]
- [ ]
- [ ]
- [ ]

JULY

- [ ]
- [ ]
- [ ]
- [ ]
- [ ]

AUGUST

- [ ]
- [ ]
- [ ]
- [ ]
- [ ]

SEPTEMBER

- [ ]
- [ ]
- [ ]
- [ ]
- [ ]

OCTOBER

- [ ]
- [ ]
- [ ]
- [ ]
- [ ]

NOVEMBER

- [ ]
- [ ]
- [ ]
- [ ]
- [ ]

DECEMBER

- [ ]
- [ ]
- [ ]
- [ ]
- [ ]

MONTHLY TO-DO LIST

JANUARY

FEBRUARY

MARCH

APRIL

MAY

JUNE

JULY

AUGUST

SEPTEMBER

OCTOBER

NOVEMBER

DECEMBER

MONTHLY TO-DO LIST

JANUARY

- [ ]
- [ ]
- [ ]
- [ ]
- [ ]

FEBRUARY

- [ ]
- [ ]
- [ ]
- [ ]
- [ ]

MARCH

- [ ]
- [ ]
- [ ]
- [ ]
- [ ]

APRIL

- [ ]
- [ ]
- [ ]
- [ ]
- [ ]

MAY

- [ ]
- [ ]
- [ ]
- [ ]
- [ ]

JUNE

- [ ]
- [ ]
- [ ]
- [ ]

JULY

- [ ]
- [ ]
- [ ]
- [ ]
- [ ]

AUGUST

- [ ]
- [ ]
- [ ]
- [ ]
- [ ]

SEPTEMBER

- [ ]
- [ ]
- [ ]
- [ ]
- [ ]

OCTOBER

- [ ]
- [ ]
- [ ]
- [ ]
- [ ]

NOVEMBER

- [ ]
- [ ]
- [ ]
- [ ]

DECEMBER

- [ ]
- [ ]
- [ ]
- [ ]
- [ ]

MONTHLY TO-DO LIST

JANUARY

FEBRUARY

MARCH

APRIL

MAY

JUNE

JULY

AUGUST

SEPTEMBER

OCTOBER

NOVEMBER

DECEMBER

MONTHLY TO-DO LIST

JANUARY

- [ ]
- [ ]
- [ ]
- [ ]
- [ ]

FEBRUARY

- [ ]
- [ ]
- [ ]
- [ ]
- [ ]

MARCH

- [ ]
- [ ]
- [ ]
- [ ]
- [ ]

APRIL

- [ ]
- [ ]
- [ ]
- [ ]
- [ ]

MAY

- [ ]
- [ ]
- [ ]
- [ ]
- [ ]

JUNE

- [ ]
- [ ]
- [ ]

JULY

- [ ]
- [ ]
- [ ]
- [ ]
- [ ]

AUGUST

- [ ]
- [ ]
- [ ]
- [ ]
- [ ]

SEPTEMBER

- [ ]
- [ ]
- [ ]
- [ ]
- [ ]

OCTOBER

- [ ]
- [ ]
- [ ]
- [ ]
- [ ]

NOVEMBER

- [ ]
- [ ]
- [ ]
- [ ]
- [ ]

DECEMBER

- [ ]
- [ ]
- [ ]
- [ ]

MONTHLY TO-DO LIST

JANUARY

FEBRUARY

MARCH

APRIL

MAY

JUNE

JULY

AUGUST

SEPTEMBER

OCTOBER

NOVEMBER

DECEMBER

MONTHLY TO-DO LIST

JANUARY

- [ ]
- [ ]
- [ ]
- [ ]
- [ ]

FEBRUARY

- [ ]
- [ ]
- [ ]
- [ ]
- [ ]

MARCH

- [ ]
- [ ]
- [ ]
- [ ]
- [ ]

APRIL

- [ ]
- [ ]
- [ ]
- [ ]
- [ ]

MAY

- [ ]
- [ ]
- [ ]
- [ ]
- [ ]

JUNE

- [ ]
- [ ]
- [ ]
- [ ]
- [ ]

JULY

- [ ]
- [ ]
- [ ]
- [ ]
- [ ]

AUGUST

- [ ]
- [ ]
- [ ]
- [ ]
- [ ]

SEPTEMBER

- [ ]
- [ ]
- [ ]
- [ ]
- [ ]

OCTOBER

- [ ]
- [ ]
- [ ]
- [ ]
- [ ]

NOVEMBER

- [ ]
- [ ]
- [ ]
- [ ]
- [ ]

DECEMBER

- [ ]
- [ ]
- [ ]
- [ ]
- [ ]

MONTHLY TO-DO LIST

JANUARY

FEBRUARY

MARCH

APRIL

MAY

JUNE

JULY

AUGUST

SEPTEMBER

OCTOBER

NOVEMBER

DECEMBER

MONTHLY TO-DO LIST

JANUARY

- [ ]
- [ ]
- [ ]
- [ ]
- [ ]

FEBRUARY

- [ ]
- [ ]
- [ ]
- [ ]
- [ ]

MARCH

- [ ]
- [ ]
- [ ]
- [ ]
- [ ]

APRIL

- [ ]
- [ ]
- [ ]
- [ ]
- [ ]

MAY

- [ ]
- [ ]
- [ ]
- [ ]
- [ ]

JUNE

- [ ]
- [ ]
- [ ]
- [ ]
- [ ]

JULY

- [ ]
- [ ]
- [ ]
- [ ]
- [ ]

AUGUST

- [ ]
- [ ]
- [ ]
- [ ]
- [ ]

SEPTEMBER

- [ ]
- [ ]
- [ ]
- [ ]
- [ ]

OCTOBER

- [ ]
- [ ]
- [ ]
- [ ]
- [ ]

NOVEMBER

- [ ]
- [ ]
- [ ]
- [ ]
- [ ]

DECEMBER

- [ ]
- [ ]
- [ ]
- [ ]
- [ ]

MONTHLY TO-DO LIST

JANUARY

FEBRUARY

MARCH

APRIL

MAY

JUNE

JULY

AUGUST

SEPTEMBER

OCTOBER

NOVEMBER

DECEMBER

MONTHLY TO-DO LIST

JANUARY

- [ ]
- [ ]
- [ ]
- [ ]
- [ ]

FEBRUARY

- [ ]
- [ ]
- [ ]
- [ ]
- [ ]

MARCH

- [ ]
- [ ]
- [ ]
- [ ]
- [ ]

APRIL

- [ ]
- [ ]
- [ ]
- [ ]
- [ ]

MAY

- [ ]
- [ ]
- [ ]
- [ ]
- [ ]

JUNE

- [ ]
- [ ]
- [ ]
- [ ]
- [ ]

JULY

- [ ]
- [ ]
- [ ]
- [ ]
- [ ]

AUGUST

- [ ]
- [ ]
- [ ]
- [ ]
- [ ]

SEPTEMBER

- [ ]
- [ ]
- [ ]
- [ ]
- [ ]

OCTOBER

- [ ]
- [ ]
- [ ]
- [ ]
- [ ]

NOVEMBER

- [ ]
- [ ]
- [ ]
- [ ]
- [ ]

DECEMBER

- [ ]
- [ ]
- [ ]
- [ ]
- [ ]

MONTHLY TO-DO LIST

JANUARY

FEBRUARY

MARCH

APRIL

MAY

JUNE

JULY

AUGUST

SEPTEMBER

OCTOBER

NOVEMBER

DECEMBER

MONTHLY TO-DO LIST

JANUARY

FEBRUARY

MARCH

APRIL

MAY

JUNE

JULY

AUGUST

SEPTEMBER

OCTOBER

NOVEMBER

DECEMBER

MONTHLY TO-DO LIST

JANUARY

FEBRUARY

MARCH

APRIL

MAY

JUNE

JULY

AUGUST

SEPTEMBER

OCTOBER

NOVEMBER

DECEMBER

MONTHLY TO-DO LIST

JANUARY

FEBRUARY

MARCH

APRIL

MAY

JUNE

JULY

AUGUST

SEPTEMBER

OCTOBER

NOVEMBER

DECEMBER

MONTHLY TO-DO LIST

JANUARY

FEBRUARY

MARCH

APRIL

MAY

JUNE

JULY

AUGUST

SEPTEMBER

OCTOBER

NOVEMBER

DECEMBER

MONTHLY TO-DO LIST

JANUARY

- [ ]
- [ ]
- [ ]
- [ ]
- [ ]

FEBRUARY

- [ ]
- [ ]
- [ ]
- [ ]
- [ ]

MARCH

- [ ]
- [ ]
- [ ]
- [ ]
- [ ]

APRIL

- [ ]
- [ ]
- [ ]
- [ ]
- [ ]

MAY

- [ ]
- [ ]
- [ ]
- [ ]
- [ ]

JUNE

- [ ]
- [ ]
- [ ]
- [ ]
- [ ]

JULY

- [ ]
- [ ]
- [ ]
- [ ]
- [ ]

AUGUST

- [ ]
- [ ]
- [ ]
- [ ]
- [ ]

SEPTEMBER

- [ ]
- [ ]
- [ ]
- [ ]
- [ ]

OCTOBER

- [ ]
- [ ]
- [ ]
- [ ]
- [ ]

NOVEMBER

- [ ]
- [ ]
- [ ]
- [ ]
- [ ]

DECEMBER

- [ ]
- [ ]
- [ ]
- [ ]
- [ ]

MONTHLY TO-DO LIST

JANUARY	FEBRUARY	MARCH

APRIL	MAY	JUNE

JULY	AUGUST	SEPTEMBER

OCTOBER	NOVEMBER	DECEMBER

MONTHLY TO-DO LIST

JANUARY

- [ ]
- [ ]
- [ ]
- [ ]
- [ ]

FEBRUARY

- [ ]
- [ ]
- [ ]
- [ ]
- [ ]

MARCH

- [ ]
- [ ]
- [ ]
- [ ]
- [ ]

APRIL

- [ ]
- [ ]
- [ ]
- [ ]
- [ ]

MAY

- [ ]
- [ ]
- [ ]
- [ ]
- [ ]

JUNE

- [ ]
- [ ]
- [ ]
- [ ]
- [ ]

JULY

- [ ]
- [ ]
- [ ]
- [ ]
- [ ]

AUGUST

- [ ]
- [ ]
- [ ]
- [ ]
- [ ]

SEPTEMBER

- [ ]
- [ ]
- [ ]
- [ ]
- [ ]

OCTOBER

- [ ]
- [ ]
- [ ]
- [ ]
- [ ]

NOVEMBER

- [ ]
- [ ]
- [ ]
- [ ]
- [ ]

DECEMBER

- [ ]
- [ ]
- [ ]
- [ ]

MONTHLY TO-DO LIST

JANUARY

FEBRUARY

MARCH

APRIL

MAY

JUNE

JULY

AUGUST

SEPTEMBER

OCTOBER

NOVEMBER

DECEMBER

MONTHLY TO-DO LIST

JANUARY

FEBRUARY

MARCH

APRIL

MAY

JUNE

JULY

AUGUST

SEPTEMBER

OCTOBER

NOVEMBER

DECEMBER

MONTHLY TO-DO LIST

JANUARY

FEBRUARY

MARCH

APRIL

MAY

JUNE

JULY

AUGUST

SEPTEMBER

OCTOBER

NOVEMBER

DECEMBER

MONTHLY TO-DO LIST

JANUARY

FEBRUARY

MARCH

APRIL

MAY

JUNE

JULY

AUGUST

SEPTEMBER

OCTOBER

NOVEMBER

DECEMBER

MONTHLY TO-DO LIST

JANUARY

FEBRUARY

MARCH

APRIL

MAY

JUNE

JULY

AUGUST

SEPTEMBER

OCTOBER

NOVEMBER

DECEMBER

MONTHLY TO-DO LIST

JANUARY

- [ ]
- [ ]
- [ ]
- [ ]
- [ ]

FEBRUARY

- [ ]
- [ ]
- [ ]
- [ ]
- [ ]

MARCH

- [ ]
- [ ]
- [ ]
- [ ]
- [ ]

APRIL

- [ ]
- [ ]
- [ ]
- [ ]
- [ ]

MAY

- [ ]
- [ ]
- [ ]
- [ ]
- [ ]

JUNE

- [ ]
- [ ]
- [ ]
- [ ]
- [ ]

JULY

- [ ]
- [ ]
- [ ]
- [ ]
- [ ]

AUGUST

- [ ]
- [ ]
- [ ]
- [ ]
- [ ]

SEPTEMBER

- [ ]
- [ ]
- [ ]
- [ ]
- [ ]

OCTOBER

- [ ]
- [ ]
- [ ]
- [ ]
- [ ]

NOVEMBER

- [ ]
- [ ]
- [ ]
- [ ]
- [ ]

DECEMBER

- [ ]
- [ ]
- [ ]
- [ ]

MONTHLY TO-DO LIST

JANUARY

FEBRUARY

MARCH

APRIL

MAY

JUNE

JULY

AUGUST

SEPTEMBER

OCTOBER

NOVEMBER

DECEMBER

MONTHLY TO-DO LIST

JANUARY

- [ ]
- [ ]
- [ ]
- [ ]
- [ ]

FEBRUARY

- [ ]
- [ ]
- [ ]
- [ ]
- [ ]

MARCH

- [ ]
- [ ]
- [ ]
- [ ]

APRIL

- [ ]
- [ ]
- [ ]
- [ ]
- [ ]

MAY

- [ ]
- [ ]
- [ ]
- [ ]
- [ ]

JUNE

- [ ]
- [ ]
- [ ]
- [ ]

JULY

- [ ]
- [ ]
- [ ]
- [ ]
- [ ]

AUGUST

- [ ]
- [ ]
- [ ]
- [ ]
- [ ]

SEPTEMBER

- [ ]
- [ ]
- [ ]
- [ ]

OCTOBER

- [ ]
- [ ]
- [ ]
- [ ]
- [ ]

NOVEMBER

- [ ]
- [ ]
- [ ]
- [ ]
- [ ]

DECEMBER

- [ ]
- [ ]
- [ ]
- [ ]

MONTHLY TO-DO LIST

JANUARY

FEBRUARY

MARCH

APRIL

MAY

JUNE

JULY

AUGUST

SEPTEMBER

OCTOBER

NOVEMBER

DECEMBER

MONTHLY TO-DO LIST

JANUARY
☐
☐
☐
☐
☐

FEBRUARY
☐
☐
☐
☐
☐

MARCH
☐
☐
☐
☐
☐

APRIL
☐
☐
☐
☐
☐

MAY
☐
☐
☐
☐
☐

JUNE
☐
☐
☐

JULY
☐
☐
☐
☐
☐

AUGUST
☐
☐
☐
☐
☐

SEPTEMBER
☐
☐
☐
☐
☐

OCTOBER
☐
☐
☐
☐
☐

NOVEMBER
☐
☐
☐
☐
☐

DECEMBER
☐
☐
☐
☐
☐

MONTHLY TO-DO LIST

JANUARY

FEBRUARY

MARCH

APRIL

MAY

JUNE

JULY

AUGUST

SEPTEMBER

OCTOBER

NOVEMBER

DECEMBER

MONTHLY TO-DO LIST

JANUARY

- [ ]
- [ ]
- [ ]
- [ ]
- [ ]

FEBRUARY

- [ ]
- [ ]
- [ ]
- [ ]
- [ ]

MARCH

- [ ]
- [ ]
- [ ]
- [ ]
- [ ]

APRIL

- [ ]
- [ ]
- [ ]
- [ ]
- [ ]

MAY

- [ ]
- [ ]
- [ ]
- [ ]
- [ ]

JUNE

- [ ]
- [ ]
- [ ]
- [ ]
- [ ]

JULY

- [ ]
- [ ]
- [ ]
- [ ]
- [ ]

AUGUST

- [ ]
- [ ]
- [ ]
- [ ]
- [ ]

SEPTEMBER

- [ ]
- [ ]
- [ ]
- [ ]
- [ ]

OCTOBER

- [ ]
- [ ]
- [ ]
- [ ]
- [ ]

NOVEMBER

- [ ]
- [ ]
- [ ]
- [ ]
- [ ]

DECEMBER

- [ ]
- [ ]
- [ ]
- [ ]
- [ ]

MONTHLY TO-DO LIST

JANUARY

FEBRUARY

MARCH

APRIL

MAY

JUNE

JULY

AUGUST

SEPTEMBER

OCTOBER

NOVEMBER

DECEMBER

MONTHLY TO-DO LIST

JANUARY

- [ ]
- [ ]
- [ ]
- [ ]
- [ ]

FEBRUARY

- [ ]
- [ ]
- [ ]
- [ ]
- [ ]

MARCH

- [ ]
- [ ]
- [ ]
- [ ]
- [ ]

APRIL

- [ ]
- [ ]
- [ ]
- [ ]
- [ ]

MAY

- [ ]
- [ ]
- [ ]
- [ ]
- [ ]

JUNE

- [ ]
- [ ]
- [ ]
- [ ]
- [ ]

JULY

- [ ]
- [ ]
- [ ]
- [ ]
- [ ]

AUGUST

- [ ]
- [ ]
- [ ]
- [ ]
- [ ]

SEPTEMBER

- [ ]
- [ ]
- [ ]
- [ ]
- [ ]

OCTOBER

- [ ]
- [ ]
- [ ]
- [ ]
- [ ]

NOVEMBER

- [ ]
- [ ]
- [ ]
- [ ]
- [ ]

DECEMBER

- [ ]
- [ ]
- [ ]
- [ ]
- [ ]

MONTHLY TO-DO LIST

JANUARY

FEBRUARY

MARCH

APRIL

MAY

JUNE

JULY

AUGUST

SEPTEMBER

OCTOBER

NOVEMBER

DECEMBER

MONTHLY TO-DO LIST

JANUARY

- [ ]
- [ ]
- [ ]
- [ ]
- [ ]

FEBRUARY

- [ ]
- [ ]
- [ ]
- [ ]
- [ ]

MARCH

- [ ]
- [ ]
- [ ]
- [ ]
- [ ]

APRIL

- [ ]
- [ ]
- [ ]
- [ ]
- [ ]

MAY

- [ ]
- [ ]
- [ ]
- [ ]
- [ ]

JUNE

- [ ]
- [ ]
- [ ]
- [ ]
- [ ]

JULY

- [ ]
- [ ]
- [ ]
- [ ]
- [ ]

AUGUST

- [ ]
- [ ]
- [ ]
- [ ]
- [ ]

SEPTEMBER

- [ ]
- [ ]
- [ ]
- [ ]
- [ ]

OCTOBER

- [ ]
- [ ]
- [ ]
- [ ]
- [ ]

NOVEMBER

- [ ]
- [ ]
- [ ]
- [ ]
- [ ]

DECEMBER

- [ ]
- [ ]
- [ ]
- [ ]
- [ ]

MONTHLY TO-DO LIST

JANUARY

FEBRUARY

MARCH

APRIL

MAY

JUNE

JULY

AUGUST

SEPTEMBER

OCTOBER

NOVEMBER

DECEMBER

MONTHLY TO-DO LIST

JANUARY
- ☐
- ☐
- ☐
- ☐
- ☐

FEBRUARY
- ☐
- ☐
- ☐
- ☐
- ☐

MARCH
- ☐
- ☐
- ☐
- ☐
- ☐

APRIL
- ☐
- ☐
- ☐
- ☐
- ☐

MAY
- ☐
- ☐
- ☐
- ☐
- ☐

JUNE
- ☐
- ☐
- ☐
- ☐
- ☐

JULY
- ☐
- ☐
- ☐
- ☐
- ☐

AUGUST
- ☐
- ☐
- ☐
- ☐
- ☐

SEPTEMBER
- ☐
- ☐
- ☐
- ☐
- ☐

OCTOBER
- ☐
- ☐
- ☐
- ☐
- ☐

NOVEMBER
- ☐
- ☐
- ☐
- ☐
- ☐

DECEMBER
- ☐
- ☐
- ☐
- ☐
- ☐

MONTHLY TO-DO LIST

JANUARY

FEBRUARY

MARCH

APRIL

MAY

JUNE

JULY

AUGUST

SEPTEMBER

OCTOBER

NOVEMBER

DECEMBER

MONTHLY TO-DO LIST

JANUARY

- [ ]
- [ ]
- [ ]
- [ ]
- [ ]

FEBRUARY

- [ ]
- [ ]
- [ ]
- [ ]
- [ ]

MARCH

- [ ]
- [ ]
- [ ]
- [ ]

APRIL

- [ ]
- [ ]
- [ ]
- [ ]
- [ ]

MAY

- [ ]
- [ ]
- [ ]
- [ ]

JUNE

- [ ]
- [ ]
- [ ]
- [ ]

JULY

- [ ]
- [ ]
- [ ]
- [ ]
- [ ]

AUGUST

- [ ]
- [ ]
- [ ]
- [ ]
- [ ]

SEPTEMBER

- [ ]
- [ ]
- [ ]
- [ ]
- [ ]

OCTOBER

- [ ]
- [ ]
- [ ]
- [ ]
- [ ]

NOVEMBER

- [ ]
- [ ]
- [ ]
- [ ]
- [ ]

DECEMBER

- [ ]
- [ ]
- [ ]
- [ ]

MONTHLY TO-DO LIST

JANUARY

FEBRUARY

MARCH

APRIL

MAY

JUNE

JULY

AUGUST

SEPTEMBER

OCTOBER

NOVEMBER

DECEMBER

MONTHLY TO-DO LIST

JANUARY
- [ ]
- [ ]
- [ ]
- [ ]
- [ ]

FEBRUARY
- [ ]
- [ ]
- [ ]
- [ ]
- [ ]

MARCH
- [ ]
- [ ]
- [ ]
- [ ]
- [ ]

APRIL
- [ ]
- [ ]
- [ ]
- [ ]
- [ ]

MAY
- [ ]
- [ ]
- [ ]
- [ ]
- [ ]

JUNE
- [ ]
- [ ]
- [ ]
- [ ]
- [ ]

JULY
- [ ]
- [ ]
- [ ]
- [ ]
- [ ]

AUGUST
- [ ]
- [ ]
- [ ]
- [ ]
- [ ]

SEPTEMBER
- [ ]
- [ ]
- [ ]
- [ ]
- [ ]

OCTOBER
- [ ]
- [ ]
- [ ]
- [ ]
- [ ]

NOVEMBER
- [ ]
- [ ]
- [ ]
- [ ]
- [ ]

DECEMBER
- [ ]
- [ ]
- [ ]
- [ ]
- [ ]

MONTHLY TO-DO LIST

JANUARY

FEBRUARY

MARCH

APRIL

MAY

JUNE

JULY

AUGUST

SEPTEMBER

OCTOBER

NOVEMBER

DECEMBER

MONTHLY TO-DO LIST

JANUARY

FEBRUARY

MARCH

APRIL

MAY

JUNE

JULY

AUGUST

SEPTEMBER

OCTOBER

NOVEMBER

DECEMBER

MONTHLY TO-DO LIST

JANUARY

FEBRUARY

MARCH

APRIL

MAY

JUNE

JULY

AUGUST

SEPTEMBER

OCTOBER

NOVEMBER

DECEMBER

MONTHLY TO-DO LIST

JANUARY

- [ ]
- [ ]
- [ ]
- [ ]
- [ ]

FEBRUARY

- [ ]
- [ ]
- [ ]
- [ ]
- [ ]

MARCH

- [ ]
- [ ]
- [ ]
- [ ]
- [ ]

APRIL

- [ ]
- [ ]
- [ ]
- [ ]
- [ ]

MAY

- [ ]
- [ ]
- [ ]
- [ ]
- [ ]

JUNE

- [ ]
- [ ]
- [ ]
- [ ]
- [ ]

JULY

- [ ]
- [ ]
- [ ]
- [ ]
- [ ]

AUGUST

- [ ]
- [ ]
- [ ]
- [ ]
- [ ]

SEPTEMBER

- [ ]
- [ ]
- [ ]
- [ ]
- [ ]

OCTOBER

- [ ]
- [ ]
- [ ]
- [ ]
- [ ]

NOVEMBER

- [ ]
- [ ]
- [ ]
- [ ]
- [ ]

DECEMBER

- [ ]
- [ ]
- [ ]
- [ ]
- [ ]

MONTHLY TO-DO LIST

JANUARY

FEBRUARY

MARCH

APRIL

MAY

JUNE

JULY

AUGUST

SEPTEMBER

OCTOBER

NOVEMBER

DECEMBER

MONTHLY TO-DO LIST

JANUARY

- [ ]
- [ ]
- [ ]
- [ ]
- [ ]

FEBRUARY

- [ ]
- [ ]
- [ ]
- [ ]
- [ ]

MARCH

- [ ]
- [ ]
- [ ]
- [ ]

APRIL

- [ ]
- [ ]
- [ ]
- [ ]
- [ ]

MAY

- [ ]
- [ ]
- [ ]
- [ ]
- [ ]

JUNE

- [ ]
- [ ]
- [ ]
- [ ]

JULY

- [ ]
- [ ]
- [ ]
- [ ]
- [ ]

AUGUST

- [ ]
- [ ]
- [ ]
- [ ]
- [ ]

SEPTEMBER

- [ ]
- [ ]
- [ ]
- [ ]

OCTOBER

- [ ]
- [ ]
- [ ]
- [ ]
- [ ]

NOVEMBER

- [ ]
- [ ]
- [ ]
- [ ]
- [ ]

DECEMBER

- [ ]
- [ ]
- [ ]
- [ ]

MONTHLY TO-DO LIST

JANUARY

FEBRUARY

MARCH

APRIL

MAY

JUNE

JULY

AUGUST

SEPTEMBER

OCTOBER

NOVEMBER

DECEMBER

MONTHLY TO-DO LIST

JANUARY

- [ ]
- [ ]
- [ ]
- [ ]
- [ ]

FEBRUARY

- [ ]
- [ ]
- [ ]
- [ ]
- [ ]

MARCH

- [ ]
- [ ]
- [ ]
- [ ]
- [ ]

APRIL

- [ ]
- [ ]
- [ ]
- [ ]
- [ ]

MAY

- [ ]
- [ ]
- [ ]
- [ ]
- [ ]

JUNE

- [ ]
- [ ]
- [ ]
- [ ]
- [ ]

JULY

- [ ]
- [ ]
- [ ]
- [ ]
- [ ]

AUGUST

- [ ]
- [ ]
- [ ]
- [ ]
- [ ]

SEPTEMBER

- [ ]
- [ ]
- [ ]
- [ ]
- [ ]

OCTOBER

- [ ]
- [ ]
- [ ]
- [ ]
- [ ]

NOVEMBER

- [ ]
- [ ]
- [ ]
- [ ]
- [ ]

DECEMBER

- [ ]
- [ ]
- [ ]
- [ ]
- [ ]

MONTHLY TO-DO LIST

JANUARY

FEBRUARY

MARCH

APRIL

MAY

JUNE

JULY

AUGUST

SEPTEMBER

OCTOBER

NOVEMBER

DECEMBER

MONTHLY TO-DO LIST

JANUARY
- [ ]
- [ ]
- [ ]
- [ ]
- [ ]

FEBRUARY
- [ ]
- [ ]
- [ ]
- [ ]
- [ ]

MARCH
- [ ]
- [ ]
- [ ]
- [ ]
- [ ]

APRIL
- [ ]
- [ ]
- [ ]
- [ ]
- [ ]

MAY
- [ ]
- [ ]
- [ ]
- [ ]
- [ ]

JUNE
- [ ]
- [ ]
- [ ]
- [ ]
- [ ]

JULY
- [ ]
- [ ]
- [ ]
- [ ]
- [ ]

AUGUST
- [ ]
- [ ]
- [ ]
- [ ]
- [ ]

SEPTEMBER
- [ ]
- [ ]
- [ ]
- [ ]
- [ ]

OCTOBER
- [ ]
- [ ]
- [ ]
- [ ]
- [ ]

NOVEMBER
- [ ]
- [ ]
- [ ]
- [ ]
- [ ]

DECEMBER
- [ ]
- [ ]
- [ ]
- [ ]
- [ ]

MONTHLY TO-DO LIST

JANUARY

FEBRUARY

MARCH

APRIL

MAY

JUNE

JULY

AUGUST

SEPTEMBER

OCTOBER

NOVEMBER

DECEMBER

MONTHLY TO-DO LIST

JANUARY

- [ ]
- [ ]
- [ ]
- [ ]
- [ ]

FEBRUARY

- [ ]
- [ ]
- [ ]
- [ ]
- [ ]

MARCH

- [ ]
- [ ]
- [ ]
- [ ]
- [ ]

APRIL

- [ ]
- [ ]
- [ ]
- [ ]
- [ ]

MAY

- [ ]
- [ ]
- [ ]
- [ ]
- [ ]

JUNE

- [ ]
- [ ]
- [ ]
- [ ]
- [ ]

JULY

- [ ]
- [ ]
- [ ]
- [ ]
- [ ]

AUGUST

- [ ]
- [ ]
- [ ]
- [ ]
- [ ]

SEPTEMBER

- [ ]
- [ ]
- [ ]
- [ ]
- [ ]

OCTOBER

- [ ]
- [ ]
- [ ]
- [ ]
- [ ]

NOVEMBER

- [ ]
- [ ]
- [ ]
- [ ]
- [ ]

DECEMBER

- [ ]
- [ ]
- [ ]
- [ ]
- [ ]

MONTHLY TO-DO LIST

JANUARY

FEBRUARY

MARCH

APRIL

MAY

JUNE

JULY

AUGUST

SEPTEMBER

OCTOBER

NOVEMBER

DECEMBER

MONTHLY TO-DO LIST

JANUARY

- [ ]
- [ ]
- [ ]
- [ ]
- [ ]

FEBRUARY

- [ ]
- [ ]
- [ ]
- [ ]
- [ ]

MARCH

- [ ]
- [ ]
- [ ]
- [ ]
- [ ]

APRIL

- [ ]
- [ ]
- [ ]
- [ ]
- [ ]

MAY

- [ ]
- [ ]
- [ ]
- [ ]
- [ ]

JUNE

- [ ]
- [ ]
- [ ]
- [ ]

JULY

- [ ]
- [ ]
- [ ]
- [ ]
- [ ]

AUGUST

- [ ]
- [ ]
- [ ]
- [ ]
- [ ]

SEPTEMBER

- [ ]
- [ ]
- [ ]
- [ ]
- [ ]

OCTOBER

- [ ]
- [ ]
- [ ]
- [ ]
- [ ]

NOVEMBER

- [ ]
- [ ]
- [ ]
- [ ]

DECEMBER

- [ ]
- [ ]
- [ ]
- [ ]
- [ ]

MONTHLY TO-DO LIST

JANUARY

FEBRUARY

MARCH

APRIL

MAY

JUNE

JULY

AUGUST

SEPTEMBER

OCTOBER

NOVEMBER

DECEMBER

MONTHLY TO-DO LIST

JANUARY

- [ ]
- [ ]
- [ ]
- [ ]
- [ ]

FEBRUARY

- [ ]
- [ ]
- [ ]
- [ ]
- [ ]

MARCH

- [ ]
- [ ]
- [ ]
- [ ]
- [ ]

APRIL

- [ ]
- [ ]
- [ ]
- [ ]
- [ ]

MAY

- [ ]
- [ ]
- [ ]
- [ ]
- [ ]

JUNE

- [ ]
- [ ]
- [ ]
- [ ]
- [ ]

JULY

- [ ]
- [ ]
- [ ]
- [ ]
- [ ]

AUGUST

- [ ]
- [ ]
- [ ]
- [ ]
- [ ]

SEPTEMBER

- [ ]
- [ ]
- [ ]
- [ ]
- [ ]

OCTOBER

- [ ]
- [ ]
- [ ]
- [ ]
- [ ]

NOVEMBER

- [ ]
- [ ]
- [ ]
- [ ]
- [ ]

DECEMBER

- [ ]
- [ ]
- [ ]
- [ ]
- [ ]

MONTHLY TO-DO LIST

JANUARY

FEBRUARY

MARCH

APRIL

MAY

JUNE

JULY

AUGUST

SEPTEMBER

OCTOBER

NOVEMBER

DECEMBER

MONTHLY TO-DO LIST

JANUARY
- [ ]
- [ ]
- [ ]
- [ ]
- [ ]

FEBRUARY
- [ ]
- [ ]
- [ ]
- [ ]
- [ ]

MARCH
- [ ]
- [ ]
- [ ]
- [ ]
- [ ]

APRIL
- [ ]
- [ ]
- [ ]
- [ ]
- [ ]

MAY
- [ ]
- [ ]
- [ ]
- [ ]
- [ ]

JUNE
- [ ]
- [ ]
- [ ]
- [ ]
- [ ]

JULY
- [ ]
- [ ]
- [ ]
- [ ]
- [ ]

AUGUST
- [ ]
- [ ]
- [ ]
- [ ]
- [ ]

SEPTEMBER
- [ ]
- [ ]
- [ ]
- [ ]
- [ ]

OCTOBER
- [ ]
- [ ]
- [ ]
- [ ]
- [ ]

NOVEMBER
- [ ]
- [ ]
- [ ]
- [ ]
- [ ]

DECEMBER
- [ ]
- [ ]
- [ ]
- [ ]
- [ ]

MONTHLY TO-DO LIST

JANUARY	FEBRUARY	MARCH

APRIL	MAY	JUNE

JULY	AUGUST	SEPTEMBER

OCTOBER	NOVEMBER	DECEMBER

MONTHLY TO-DO LIST

JANUARY

- [ ]
- [ ]
- [ ]
- [ ]
- [ ]

FEBRUARY

- [ ]
- [ ]
- [ ]
- [ ]
- [ ]

MARCH

- [ ]
- [ ]
- [ ]
- [ ]

APRIL

- [ ]
- [ ]
- [ ]
- [ ]
- [ ]

MAY

- [ ]
- [ ]
- [ ]
- [ ]

JUNE

- [ ]
- [ ]
- [ ]
- [ ]

JULY

- [ ]
- [ ]
- [ ]
- [ ]
- [ ]

AUGUST

- [ ]
- [ ]
- [ ]
- [ ]
- [ ]

SEPTEMBER

- [ ]
- [ ]
- [ ]
- [ ]
- [ ]

OCTOBER

- [ ]
- [ ]
- [ ]
- [ ]
- [ ]

NOVEMBER

- [ ]
- [ ]
- [ ]
- [ ]
- [ ]

DECEMBER

- [ ]
- [ ]
- [ ]
- [ ]

MONTHLY TO-DO LIST

JANUARY	FEBRUARY	MARCH

APRIL	MAY	JUNE

JULY	AUGUST	SEPTEMBER

OCTOBER	NOVEMBER	DECEMBER

MONTHLY TO-DO LIST

JANUARY
- [ ]
- [ ]
- [ ]
- [ ]
- [ ]

FEBRUARY
- [ ]
- [ ]
- [ ]
- [ ]
- [ ]

MARCH
- [ ]
- [ ]
- [ ]
- [ ]
- [ ]

APRIL
- [ ]
- [ ]
- [ ]
- [ ]
- [ ]

MAY
- [ ]
- [ ]
- [ ]
- [ ]
- [ ]

JUNE
- [ ]
- [ ]
- [ ]
- [ ]
- [ ]

JULY
- [ ]
- [ ]
- [ ]
- [ ]
- [ ]

AUGUST
- [ ]
- [ ]
- [ ]
- [ ]
- [ ]

SEPTEMBER
- [ ]
- [ ]
- [ ]
- [ ]
- [ ]

OCTOBER
- [ ]
- [ ]
- [ ]
- [ ]
- [ ]

NOVEMBER
- [ ]
- [ ]
- [ ]
- [ ]
- [ ]

DECEMBER
- [ ]
- [ ]
- [ ]
- [ ]
- [ ]

MONTHLY TO-DO LIST

JANUARY

FEBRUARY

MARCH

APRIL

MAY

JUNE

JULY

AUGUST

SEPTEMBER

OCTOBER

NOVEMBER

DECEMBER

MONTHLY TO-DO LIST

JANUARY

- [ ]
- [ ]
- [ ]
- [ ]
- [ ]

FEBRUARY

- [ ]
- [ ]
- [ ]
- [ ]

MARCH

- [ ]
- [ ]
- [ ]
- [ ]
- [ ]

APRIL

- [ ]
- [ ]
- [ ]
- [ ]
- [ ]

MAY

- [ ]
- [ ]
- [ ]
- [ ]
- [ ]

JUNE

- [ ]
- [ ]
- [ ]
- [ ]
- [ ]

JULY

- [ ]
- [ ]
- [ ]
- [ ]
- [ ]

AUGUST

- [ ]
- [ ]
- [ ]
- [ ]
- [ ]

SEPTEMBER

- [ ]
- [ ]
- [ ]
- [ ]
- [ ]

OCTOBER

- [ ]
- [ ]
- [ ]
- [ ]
- [ ]

NOVEMBER

- [ ]
- [ ]
- [ ]
- [ ]
- [ ]

DECEMBER

- [ ]
- [ ]
- [ ]
- [ ]
- [ ]

MONTHLY TO-DO LIST

JANUARY

FEBRUARY

MARCH

APRIL

MAY

JUNE

JULY

AUGUST

SEPTEMBER

OCTOBER

NOVEMBER

DECEMBER

MONTHLY TO-DO LIST

JANUARY

- [ ]
- [ ]
- [ ]
- [ ]
- [ ]

FEBRUARY

- [ ]
- [ ]
- [ ]
- [ ]
- [ ]

MARCH

- [ ]
- [ ]
- [ ]
- [ ]
- [ ]

APRIL

- [ ]
- [ ]
- [ ]
- [ ]
- [ ]

MAY

- [ ]
- [ ]
- [ ]
- [ ]
- [ ]

JUNE

- [ ]
- [ ]
- [ ]
- [ ]
- [ ]

JULY

- [ ]
- [ ]
- [ ]
- [ ]
- [ ]

AUGUST

- [ ]
- [ ]
- [ ]
- [ ]
- [ ]

SEPTEMBER

- [ ]
- [ ]
- [ ]
- [ ]
- [ ]

OCTOBER

- [ ]
- [ ]
- [ ]
- [ ]
- [ ]

NOVEMBER

- [ ]
- [ ]
- [ ]
- [ ]
- [ ]

DECEMBER

- [ ]
- [ ]
- [ ]
- [ ]
- [ ]

MONTHLY TO-DO LIST

JANUARY

FEBRUARY

MARCH

APRIL

MAY

JUNE

JULY

AUGUST

SEPTEMBER

OCTOBER

NOVEMBER

DECEMBER

MONTHLY TO-DO LIST

JANUARY

- [ ]
- [ ]
- [ ]
- [ ]
- [ ]

FEBRUARY

- [ ]
- [ ]
- [ ]
- [ ]
- [ ]

MARCH

- [ ]
- [ ]
- [ ]
- [ ]
- [ ]

APRIL

- [ ]
- [ ]
- [ ]
- [ ]
- [ ]

MAY

- [ ]
- [ ]
- [ ]
- [ ]
- [ ]

JUNE

- [ ]
- [ ]
- [ ]
- [ ]
- [ ]

JULY

- [ ]
- [ ]
- [ ]
- [ ]
- [ ]

AUGUST

- [ ]
- [ ]
- [ ]
- [ ]
- [ ]

SEPTEMBER

- [ ]
- [ ]
- [ ]
- [ ]
- [ ]

OCTOBER

- [ ]
- [ ]
- [ ]
- [ ]
- [ ]

NOVEMBER

- [ ]
- [ ]
- [ ]
- [ ]
- [ ]

DECEMBER

- [ ]
- [ ]
- [ ]
- [ ]
- [ ]

MONTHLY TO-DO LIST

JANUARY

FEBRUARY

MARCH

APRIL

MAY

JUNE

JULY

AUGUST

SEPTEMBER

OCTOBER

NOVEMBER

DECEMBER

MONTHLY TO-DO LIST

JANUARY

- [ ]
- [ ]
- [ ]
- [ ]
- [ ]

FEBRUARY

- [ ]
- [ ]
- [ ]
- [ ]
- [ ]

MARCH

- [ ]
- [ ]
- [ ]
- [ ]
- [ ]

APRIL

- [ ]
- [ ]
- [ ]
- [ ]
- [ ]

MAY

- [ ]
- [ ]
- [ ]
- [ ]
- [ ]

JUNE

- [ ]
- [ ]
- [ ]
- [ ]
- [ ]

JULY

- [ ]
- [ ]
- [ ]
- [ ]
- [ ]

AUGUST

- [ ]
- [ ]
- [ ]
- [ ]
- [ ]

SEPTEMBER

- [ ]
- [ ]
- [ ]
- [ ]
- [ ]

OCTOBER

- [ ]
- [ ]
- [ ]
- [ ]
- [ ]

NOVEMBER

- [ ]
- [ ]
- [ ]
- [ ]
- [ ]

DECEMBER

- [ ]
- [ ]
- [ ]
- [ ]
- [ ]

MONTHLY TO-DO LIST

JANUARY

FEBRUARY

MARCH

APRIL

MAY

JUNE

JULY

AUGUST

SEPTEMBER

OCTOBER

NOVEMBER

DECEMBER

MONTHLY TO-DO LIST

JANUARY

- [ ]
- [ ]
- [ ]
- [ ]
- [ ]

FEBRUARY

- [ ]
- [ ]
- [ ]
- [ ]
- [ ]

MARCH

- [ ]
- [ ]
- [ ]
- [ ]
- [ ]

APRIL

- [ ]
- [ ]
- [ ]
- [ ]
- [ ]

MAY

- [ ]
- [ ]
- [ ]
- [ ]
- [ ]

JUNE

- [ ]
- [ ]
- [ ]
- [ ]
- [ ]

JULY

- [ ]
- [ ]
- [ ]
- [ ]
- [ ]

AUGUST

- [ ]
- [ ]
- [ ]
- [ ]
- [ ]

SEPTEMBER

- [ ]
- [ ]
- [ ]
- [ ]
- [ ]

OCTOBER

- [ ]
- [ ]
- [ ]
- [ ]
- [ ]

NOVEMBER

- [ ]
- [ ]
- [ ]
- [ ]
- [ ]

DECEMBER

- [ ]
- [ ]
- [ ]
- [ ]
- [ ]

MONTHLY TO-DO LIST

JANUARY

FEBRUARY

MARCH

APRIL

MAY

JUNE

JULY

AUGUST

SEPTEMBER

OCTOBER

NOVEMBER

DECEMBER

MONTHLY TO-DO LIST

JANUARY

- [ ]
- [ ]
- [ ]
- [ ]
- [ ]

FEBRUARY

- [ ]
- [ ]
- [ ]
- [ ]
- [ ]

MARCH

- [ ]
- [ ]
- [ ]
- [ ]
- [ ]

APRIL

- [ ]
- [ ]
- [ ]
- [ ]
- [ ]

MAY

- [ ]
- [ ]
- [ ]
- [ ]
- [ ]

JUNE

- [ ]
- [ ]
- [ ]
- [ ]
- [ ]

JULY

- [ ]
- [ ]
- [ ]
- [ ]
- [ ]

AUGUST

- [ ]
- [ ]
- [ ]
- [ ]
- [ ]

SEPTEMBER

- [ ]
- [ ]
- [ ]
- [ ]
- [ ]

OCTOBER

- [ ]
- [ ]
- [ ]
- [ ]
- [ ]

NOVEMBER

- [ ]
- [ ]
- [ ]
- [ ]
- [ ]

DECEMBER

- [ ]
- [ ]
- [ ]
- [ ]
- [ ]

MONTHLY TO-DO LIST

JANUARY

FEBRUARY

MARCH

APRIL

MAY

JUNE

JULY

AUGUST

SEPTEMBER

OCTOBER

NOVEMBER

DECEMBER

MONTHLY TO-DO LIST

JANUARY

- [ ]
- [ ]
- [ ]
- [ ]
- [ ]

FEBRUARY

- [ ]
- [ ]
- [ ]
- [ ]
- [ ]

MARCH

- [ ]
- [ ]
- [ ]
- [ ]
- [ ]

APRIL

- [ ]
- [ ]
- [ ]
- [ ]
- [ ]

MAY

- [ ]
- [ ]
- [ ]
- [ ]
- [ ]

JUNE

- [ ]
- [ ]
- [ ]
- [ ]
- [ ]

JULY

- [ ]
- [ ]
- [ ]
- [ ]
- [ ]

AUGUST

- [ ]
- [ ]
- [ ]
- [ ]
- [ ]

SEPTEMBER

- [ ]
- [ ]
- [ ]
- [ ]
- [ ]

OCTOBER

- [ ]
- [ ]
- [ ]
- [ ]
- [ ]

NOVEMBER

- [ ]
- [ ]
- [ ]
- [ ]
- [ ]

DECEMBER

- [ ]
- [ ]
- [ ]
- [ ]
- [ ]

MONTHLY TO-DO LIST

JANUARY

- [ ]
- [ ]
- [ ]
- [ ]
- [ ]

FEBRUARY

- [ ]
- [ ]
- [ ]
- [ ]
- [ ]

MARCH

- [ ]
- [ ]
- [ ]
- [ ]

APRIL

- [ ]
- [ ]
- [ ]
- [ ]
- [ ]

MAY

- [ ]
- [ ]
- [ ]
- [ ]

JUNE

- [ ]
- [ ]
- [ ]
- [ ]

JULY

- [ ]
- [ ]
- [ ]
- [ ]
- [ ]

AUGUST

- [ ]
- [ ]
- [ ]
- [ ]
- [ ]

SEPTEMBER

- [ ]
- [ ]
- [ ]
- [ ]

OCTOBER

- [ ]
- [ ]
- [ ]
- [ ]
- [ ]

NOVEMBER

- [ ]
- [ ]
- [ ]
- [ ]
- [ ]

DECEMBER

- [ ]
- [ ]
- [ ]
- [ ]
- [ ]

MONTHLY TO-DO LIST

JANUARY

- [ ]
- [ ]
- [ ]
- [ ]
- [ ]

FEBRUARY

- [ ]
- [ ]
- [ ]
- [ ]
- [ ]

MARCH

- [ ]
- [ ]
- [ ]
- [ ]
- [ ]

APRIL

- [ ]
- [ ]
- [ ]
- [ ]
- [ ]

MAY

- [ ]
- [ ]
- [ ]
- [ ]
- [ ]

JUNE

- [ ]
- [ ]
- [ ]
- [ ]
- [ ]

JULY

- [ ]
- [ ]
- [ ]
- [ ]
- [ ]

AUGUST

- [ ]
- [ ]
- [ ]
- [ ]
- [ ]

SEPTEMBER

- [ ]
- [ ]
- [ ]
- [ ]
- [ ]

OCTOBER

- [ ]
- [ ]
- [ ]
- [ ]
- [ ]

NOVEMBER

- [ ]
- [ ]
- [ ]
- [ ]
- [ ]

DECEMBER

- [ ]
- [ ]
- [ ]
- [ ]
- [ ]

MONTHLY TO-DO LIST

JANUARY

FEBRUARY

MARCH

APRIL

MAY

JUNE

JULY

AUGUST

SEPTEMBER

OCTOBER

NOVEMBER

DECEMBER

MONTHLY TO-DO LIST

JANUARY

- [ ]
- [ ]
- [ ]
- [ ]
- [ ]

FEBRUARY

- [ ]
- [ ]
- [ ]
- [ ]
- [ ]

MARCH

- [ ]
- [ ]
- [ ]
- [ ]
- [ ]

APRIL

- [ ]
- [ ]
- [ ]
- [ ]
- [ ]

MAY

- [ ]
- [ ]
- [ ]
- [ ]
- [ ]

JUNE

- [ ]
- [ ]
- [ ]
- [ ]
- [ ]

JULY

- [ ]
- [ ]
- [ ]
- [ ]
- [ ]

AUGUST

- [ ]
- [ ]
- [ ]
- [ ]
- [ ]

SEPTEMBER

- [ ]
- [ ]
- [ ]
- [ ]
- [ ]

OCTOBER

- [ ]
- [ ]
- [ ]
- [ ]
- [ ]

NOVEMBER

- [ ]
- [ ]
- [ ]
- [ ]
- [ ]

DECEMBER

- [ ]
- [ ]
- [ ]
- [ ]
- [ ]

MONTHLY TO-DO LIST

JANUARY

FEBRUARY

MARCH

APRIL

MAY

JUNE

JULY

AUGUST

SEPTEMBER

OCTOBER

NOVEMBER

DECEMBER

MONTHLY TO-DO LIST

JANUARY
- [ ]
- [ ]
- [ ]
- [ ]
- [ ]

FEBRUARY
- [ ]
- [ ]
- [ ]
- [ ]
- [ ]

MARCH
- [ ]
- [ ]
- [ ]
- [ ]
- [ ]

APRIL
- [ ]
- [ ]
- [ ]
- [ ]
- [ ]

MAY
- [ ]
- [ ]
- [ ]
- [ ]
- [ ]

JUNE
- [ ]
- [ ]
- [ ]
- [ ]
- [ ]

JULY
- [ ]
- [ ]
- [ ]
- [ ]
- [ ]

AUGUST
- [ ]
- [ ]
- [ ]
- [ ]
- [ ]

SEPTEMBER
- [ ]
- [ ]
- [ ]
- [ ]
- [ ]

OCTOBER
- [ ]
- [ ]
- [ ]
- [ ]
- [ ]

NOVEMBER
- [ ]
- [ ]
- [ ]
- [ ]
- [ ]

DECEMBER
- [ ]
- [ ]
- [ ]
- [ ]
- [ ]

MONTHLY TO-DO LIST

JANUARY

FEBRUARY

MARCH

APRIL

MAY

JUNE

JULY

AUGUST

SEPTEMBER

OCTOBER

NOVEMBER

DECEMBER

MONTHLY TO-DO LIST

JANUARY

FEBRUARY

MARCH

APRIL

MAY

JUNE

JULY

AUGUST

SEPTEMBER

OCTOBER

NOVEMBER

DECEMBER

MONTHLY TO-DO LIST

JANUARY

FEBRUARY

MARCH

APRIL

MAY

JUNE

JULY

AUGUST

SEPTEMBER

OCTOBER

NOVEMBER

DECEMBER

MONTHLY TO-DO LIST

JANUARY

- [ ]
- [ ]
- [ ]
- [ ]
- [ ]

FEBRUARY

- [ ]
- [ ]
- [ ]
- [ ]
- [ ]

MARCH

- [ ]
- [ ]
- [ ]
- [ ]
- [ ]

APRIL

- [ ]
- [ ]
- [ ]
- [ ]
- [ ]

MAY

- [ ]
- [ ]
- [ ]
- [ ]
- [ ]

JUNE

- [ ]
- [ ]
- [ ]
- [ ]
- [ ]

JULY

- [ ]
- [ ]
- [ ]
- [ ]
- [ ]

AUGUST

- [ ]
- [ ]
- [ ]
- [ ]
- [ ]

SEPTEMBER

- [ ]
- [ ]
- [ ]
- [ ]
- [ ]

OCTOBER

- [ ]
- [ ]
- [ ]
- [ ]
- [ ]

NOVEMBER

- [ ]
- [ ]
- [ ]
- [ ]
- [ ]

DECEMBER

- [ ]
- [ ]
- [ ]
- [ ]
- [ ]

MONTHLY TO-DO LIST

JANUARY

FEBRUARY

MARCH

APRIL

MAY

JUNE

JULY

AUGUST

SEPTEMBER

OCTOBER

NOVEMBER

DECEMBER

MONTHLY TO-DO LIST

JANUARY

- [ ]
- [ ]
- [ ]
- [ ]
- [ ]

FEBRUARY

- [ ]
- [ ]
- [ ]
- [ ]
- [ ]

MARCH

- [ ]
- [ ]
- [ ]
- [ ]
- [ ]

APRIL

- [ ]
- [ ]
- [ ]
- [ ]
- [ ]

MAY

- [ ]
- [ ]
- [ ]
- [ ]
- [ ]

JUNE

- [ ]
- [ ]
- [ ]
- [ ]
- [ ]

JULY

- [ ]
- [ ]
- [ ]
- [ ]
- [ ]

AUGUST

- [ ]
- [ ]
- [ ]
- [ ]
- [ ]

SEPTEMBER

- [ ]
- [ ]
- [ ]
- [ ]
- [ ]

OCTOBER

- [ ]
- [ ]
- [ ]
- [ ]
- [ ]

NOVEMBER

- [ ]
- [ ]
- [ ]
- [ ]
- [ ]

DECEMBER

- [ ]
- [ ]
- [ ]
- [ ]
- [ ]

MONTHLY TO-DO LIST

JANUARY

FEBRUARY

MARCH

APRIL

MAY

JUNE

JULY

AUGUST

SEPTEMBER

OCTOBER

NOVEMBER

DECEMBER

MONTHLY TO-DO LIST

JANUARY

FEBRUARY

MARCH

APRIL

MAY

JUNE

JULY

AUGUST

SEPTEMBER

OCTOBER

NOVEMBER

DECEMBER

MONTHLY TO-DO LIST

JANUARY

FEBRUARY

MARCH

APRIL

MAY

JUNE

JULY

AUGUST

SEPTEMBER

OCTOBER

NOVEMBER

DECEMBER

MONTHLY TO-DO LIST

JANUARY

- [ ]
- [ ]
- [ ]
- [ ]
- [ ]

FEBRUARY

- [ ]
- [ ]
- [ ]
- [ ]
- [ ]

MARCH

- [ ]
- [ ]
- [ ]
- [ ]
- [ ]

APRIL

- [ ]
- [ ]
- [ ]
- [ ]
- [ ]

MAY

- [ ]
- [ ]
- [ ]
- [ ]
- [ ]

JUNE

- [ ]
- [ ]
- [ ]
- [ ]
- [ ]

JULY

- [ ]
- [ ]
- [ ]
- [ ]
- [ ]

AUGUST

- [ ]
- [ ]
- [ ]
- [ ]
- [ ]

SEPTEMBER

- [ ]
- [ ]
- [ ]
- [ ]
- [ ]

OCTOBER

- [ ]
- [ ]
- [ ]
- [ ]
- [ ]

NOVEMBER

- [ ]
- [ ]
- [ ]
- [ ]
- [ ]

DECEMBER

- [ ]
- [ ]
- [ ]
- [ ]
- [ ]

MONTHLY TO-DO LIST

JANUARY

FEBRUARY

MARCH

APRIL

MAY

JUNE

JULY

AUGUST

SEPTEMBER

OCTOBER

NOVEMBER

DECEMBER

MONTHLY TO-DO LIST

JANUARY

- [ ]
- [ ]
- [ ]
- [ ]
- [ ]

FEBRUARY

- [ ]
- [ ]
- [ ]
- [ ]
- [ ]

MARCH

- [ ]
- [ ]
- [ ]
- [ ]
- [ ]

APRIL

- [ ]
- [ ]
- [ ]
- [ ]
- [ ]

MAY

- [ ]
- [ ]
- [ ]
- [ ]
- [ ]

JUNE

- [ ]
- [ ]
- [ ]
- [ ]

JULY

- [ ]
- [ ]
- [ ]
- [ ]
- [ ]

AUGUST

- [ ]
- [ ]
- [ ]
- [ ]
- [ ]

SEPTEMBER

- [ ]
- [ ]
- [ ]
- [ ]
- [ ]

OCTOBER

- [ ]
- [ ]
- [ ]
- [ ]
- [ ]

NOVEMBER

- [ ]
- [ ]
- [ ]
- [ ]
- [ ]

DECEMBER

- [ ]
- [ ]
- [ ]
- [ ]
- [ ]

MONTHLY TO-DO LIST

JANUARY

FEBRUARY

MARCH

APRIL

MAY

JUNE

JULY

AUGUST

SEPTEMBER

OCTOBER

NOVEMBER

DECEMBER

MONTHLY TO-DO LIST

JANUARY	FEBRUARY	MARCH

APRIL	MAY	JUNE

JULY	AUGUST	SEPTEMBER

OCTOBER	NOVEMBER	DECEMBER

MONTHLY TO-DO LIST

JANUARY

FEBRUARY

MARCH

APRIL

MAY

JUNE

JULY

AUGUST

SEPTEMBER

OCTOBER

NOVEMBER

DECEMBER

MONTHLY TO-DO LIST

JANUARY

- [ ]
- [ ]
- [ ]
- [ ]
- [ ]

FEBRUARY

- [ ]
- [ ]
- [ ]
- [ ]
- [ ]

MARCH

- [ ]
- [ ]
- [ ]
- [ ]
- [ ]

APRIL

- [ ]
- [ ]
- [ ]
- [ ]
- [ ]

MAY

- [ ]
- [ ]
- [ ]
- [ ]
- [ ]

JUNE

- [ ]
- [ ]
- [ ]
- [ ]
- [ ]

JULY

- [ ]
- [ ]
- [ ]
- [ ]
- [ ]

AUGUST

- [ ]
- [ ]
- [ ]
- [ ]
- [ ]

SEPTEMBER

- [ ]
- [ ]
- [ ]
- [ ]
- [ ]

OCTOBER

- [ ]
- [ ]
- [ ]
- [ ]
- [ ]

NOVEMBER

- [ ]
- [ ]
- [ ]
- [ ]
- [ ]

DECEMBER

- [ ]
- [ ]
- [ ]
- [ ]
- [ ]

MONTHLY TO-DO LIST

JANUARY

FEBRUARY

MARCH

APRIL

MAY

JUNE

JULY

AUGUST

SEPTEMBER

OCTOBER

NOVEMBER

DECEMBER

MONTHLY TO-DO LIST

JANUARY
☐
☐
☐
☐
☐

FEBRUARY
☐
☐
☐
☐
☐

MARCH
☐
☐
☐
☐
☐

APRIL
☐
☐
☐
☐
☐

MAY
☐
☐
☐
☐
☐

JUNE
☐
☐
☐
☐

JULY
☐
☐
☐
☐
☐

AUGUST
☐
☐
☐
☐
☐

SEPTEMBER
☐
☐
☐
☐
☐

OCTOBER
☐
☐
☐
☐
☐

NOVEMBER
☐
☐
☐
☐
☐

DECEMBER
☐
☐
☐
☐
☐

MONTHLY TO-DO LIST

JANUARY

FEBRUARY

MARCH

APRIL

MAY

JUNE

JULY

AUGUST

SEPTEMBER

OCTOBER

NOVEMBER

DECEMBER

MONTHLY TO-DO LIST

JANUARY

FEBRUARY

MARCH

APRIL

MAY

JUNE

JULY

AUGUST

SEPTEMBER

OCTOBER

NOVEMBER

DECEMBER

MONTHLY TO-DO LIST

JANUARY

FEBRUARY

MARCH

APRIL

MAY

JUNE

JULY

AUGUST

SEPTEMBER

OCTOBER

NOVEMBER

DECEMBER

MONTHLY TO-DO LIST

JANUARY

- [ ]
- [ ]
- [ ]
- [ ]
- [ ]

FEBRUARY

- [ ]
- [ ]
- [ ]
- [ ]
- [ ]

MARCH

- [ ]
- [ ]
- [ ]
- [ ]
- [ ]

APRIL

- [ ]
- [ ]
- [ ]
- [ ]
- [ ]

MAY

- [ ]
- [ ]
- [ ]
- [ ]
- [ ]

JUNE

- [ ]
- [ ]
- [ ]
- [ ]

JULY

- [ ]
- [ ]
- [ ]
- [ ]
- [ ]

AUGUST

- [ ]
- [ ]
- [ ]
- [ ]
- [ ]

SEPTEMBER

- [ ]
- [ ]
- [ ]
- [ ]
- [ ]

OCTOBER

- [ ]
- [ ]
- [ ]
- [ ]
- [ ]

NOVEMBER

- [ ]
- [ ]
- [ ]
- [ ]

DECEMBER

- [ ]
- [ ]
- [ ]
- [ ]

Made in the USA
Coppell, TX
25 June 2021

58046981R00061